Foreign Copyright:
Joonwon Lee Mobile: 82-10-4624-6629
Address: 3F, 127, Yanghwa-ro, Mapo-gu, Seoul, Republic of Korea 3rd Floor
Telephone: 82-2-3142-4151
E-mail: jwlee@cyber.co.kr

옥효진 선생님의 매일 매일 문해력 왕 ⑩

2024. 6. 17.   초 판 1쇄 인쇄
2024. 6. 26.   초 판 1쇄 발행

지은이 | 옥효진
그 림 | 신경영
펴낸이 | 최한숙
펴낸곳 | BM 성안북스
주 소 | 04032 서울시 마포구 양화로 127 첨단빌딩 3층(출판기획 R&D 센터)
           10881 경기도 파주시 문발로 112 파주 출판 문화도시 (제작 및 물류)
전 화 | 02) 3142- 0036
           031) 950- 6300
팩 스 | 031) 955- 0510
등 록 | 1973. 2. 1. 제406-2005-000046호
출판사 홈페이지 | www.cyber.co.kr
이메일 문의 | smkim@cyber.co.kr
ISBN | 978-89-7067-453-7 (64710) / 978-89-7067-443-8 (set)
정 가 | 12,800원

이 책을 만든 사람들
총괄 · 진행 | 김상민
기획 | 북케어
본문 · 표지 디자인 | 정유정
홍보 | 김계향, 임진성, 김주승
국제부 | 이선민, 조혜란
마케팅 | 구본철, 차정욱, 오영일, 나진호, 강호묵
마케팅 지원 | 장상범
제작 | 김유석

■ 도서 A/S 안내

성안당에서 발행하는 모든 도서는 저자와 출판사, 그리고 독자가 함께 만들어 나갑니다.
좋은 책을 펴내기 위해 많은 노력을 기울이고 있습니다. 혹시라도 내용상의 오류나 오탈자 등이
발견되면 **"좋은 책은 나라의 보배"**로서 우리 모두가 함께 만들어 간다는 마음으로 연락주시기
바랍니다. 수정 보완하여 더 나은 책이 되도록 최선을 다하겠습니다.
성안당은 늘 독자 여러분들의 소중한 의견을 기다리고 있습니다. 좋은 의견을 보내주시는 분께는
성안당 쇼핑몰의 포인트(3,000포인트)를 적립해 드립니다.
잘못 만들어진 책이나 부록 등이 파손된 경우에는 교환해 드립니다.

옥효진 선생님의 매일 매일 문해력왕 ⑩

1교시 : 자연

2교시 : 식물

3교시 : 동물과 곤충

4교시 : 과일과 채소

BM 성안북스

우리는 하루 동안 수없이 많은 말을 들어요. 엄마, 아빠가 나에게 해 주시는 말들, 학교에서 쉬는 시간 동안 친구들과 나누는 말, 선생님이 수업 시간에 해 주시는 설명들, 만화나 영화 같은 영상 속 등장인물들이 하는 말들을 듣죠. 또, 수없이 많은 글을 읽고 있어요. 재미있는 이야기책 속의 글들, 교과서에 적혀 있는 글들, 길을 걸어가며 보이는 안내문과 간판들. 우리는 말과 글에 둘러싸여 살아가고 있다고 할 수 있는 거죠. 그런데 여러분은 여러분이 보고 듣는 것들을 얼마나 이해하고 있나요? 말을 듣는다고 모든 말을 이해하는 것은 아니에요. 글을 읽는다고 모든 글을 이해하는 것도 아니죠.

우리가 듣는 말과 읽는 글을 이해하기 위해서는 문해력이 필요해요. 문해력이란 내가 읽는 글, 내가 쓰는 글, 내가 듣는 말, 내가 하는 말의 뜻을 이해하고 내 것으로 만드는 능력이에요. 여러분이 읽게 될 교과서 속 글들도, 수업 시간에 선생님이 하는 말씀도, 갖고 싶었던 장난감의 설명서를 읽고 장난감을 사용하는 것도

이 문해력 없이는 어려운 일이에요. 문해력이 있어야 여러분이 보고 듣는 것을 이해할 수 있죠. 다시 말하자면 문해력이 점점 자랄수록 여러분이 경험하고 이해할 수 있는 세상이 점점 넓어지는 것이랍니다.

그래서 문해력을 어릴 적부터 기르는 게 중요해요. 하지만 문해력은 글자를 읽고 쓸 줄 안다고 저절로 생기는 것은 아니에요. 많은 글을 읽으면서 글이 어떻게 쓰여 있는지, 이 글에 담겨 있는 뜻은 무엇인지를 이해하는 연습을 해야 해요. 유명한 운동선수가 매일매일 꾸준히 연습하고, 훈련을 하는 것처럼 말이에요. 오늘부터 선생님과 함께 매일매일 문해력을 기르는 연습을 해 보는 건 어떨까요? 여러분도 모르는 사이에 여러분이 문해력 왕이 되어 있을지도 몰라요. 그만큼 세상을 보는 여러분의 눈도 쑥쑥 자라 있겠죠.

이 책을 통해 여러분들의 문해력이 쑥쑥 자라나기를 바라요. 그리고 쑥쑥 자라난 문해력으로 이제 막 세상에 발걸음을 떼기 시작하는 여러분이 볼 수 있는 세상이 넓어지기를 바랍니다.

옥효진 선생님

초등 교과 전체에서 핵심 주제를 뽑아 어휘, 문법, 독해, 한자까지 익힐 수 있도록 일주일 프로그램으로 구성했습니다.

주제와 관련된 기본 어휘의 이해를 돕는 그림과 함께 익힐 수 있습니다.

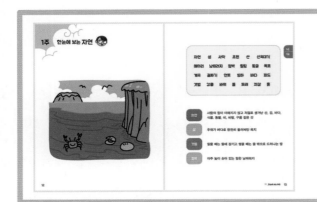

주제와 관련된 기본 어휘인 명사, 동사, 형용사를 배웁니다.

주제와 관련된 의성어, 의태어를 배웁니다.

낱말 확장은 물론 속담, 관용어까지 배웁니다.

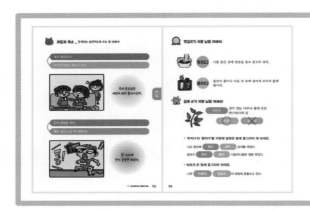

주제와 관련된 속담과 관용어를 익힙니다.

헷갈리기 쉬운 말, 잘못 쓰기 쉬운 말, 유의어, 반의어, 다의어, 동형어, 고유어, 외래어 등의 확장 낱말을 익힙니다.

7급, 8급 수준의 한자에서 추출한 문해력 핵심 한자를 배웁니다.

한 주에 1개의 핵심 한자와 연관된 한자어 5개를 학습합니다.

그림과 예시글을 통해 한자 사용의 이해를 높였습니다.

직접 써 보는 공간도 마련했습니다.

짧은 문장으로 시작해서 긴 문단 독해까지 독해력이 성장할 수 있도록 구성했습니다.

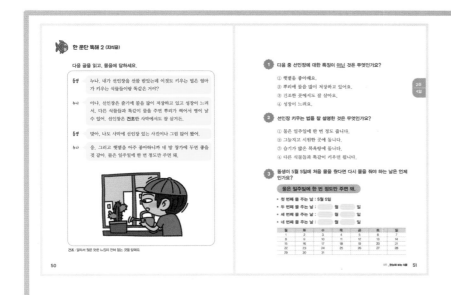

어순, 접속 부사, 종결형 문장, 시제, 높임말, 예사말, 피동, 사동, 부정 등을 익힐 수 있도록 했습니다.

주제와 관련된 확장 어휘를 사용하여 한 문장~세 문장 독해까지 완성된 문장을 만들 수 있도록 했습니다.

우화나 동화(문학), 생활에서 사용되는 지식글(비문학) 등 초등 교과에 담긴 12갈래 형식의 글을 통해 문제를 풀고 익힙니다.

※ 수학 개념을 적용한 문제까지 마련했습니다.

확인 학습을 통해 일주일간 학습한 내용을 복습합니다.

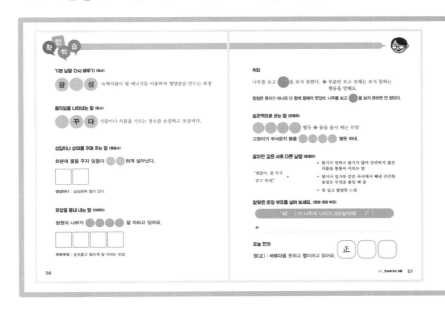

한 주간 배운 내용 중 핵심이 되는 내용을 추렸습니다.

일주일 안에 복습하는 공간을 만들어 학습한 내용을 장기 기억으로 저장할 수 있도록 했습니다.

1주

한눈에 보는
자연

설악산 국립공원

자연　섬　사막　초원　산　산꼭대기

메아리　낭떠러지　절벽　밀림　동굴　폭포

계곡　골짜기　연못　빙하　바다　파도

갯벌　강물　바위　돌　모래　자갈　흙

자연	사람의 힘이 더해지지 않고 저절로 생겨난 산, 강, 바다, 식물, 동물, 비, 바람, 구름 같은 것
섬	주위가 바다로 완전히 둘러싸인 육지
갯벌	밀물 때는 물에 잠기고 썰물 때는 물 밖으로 드러나는 땅
절벽	아주 높이 솟아 있는 험한 낭떠러지

자연을 나타내는 말을 알아봅시다. (동사)

| 올라가다 | 내려가다 | 빠지다 | 굳다 | 다가오다 |
| 밀다 | 굴리다 | 잠기다 | 벌리다 | 덮치다 |

올라가다 아래에서 위로 가다.

빠지다 속에 있는 액체나 냄새가 밖으로 새어 나가거나 흘러 나가다.

굳다 물렁한 것이 단단하게 되다.

밀다 한 방향으로 움직이도록 반대쪽에서 힘을 주다.

잠기다 물속에 넣어지거나 가라앉게 되다.

덮치다 갑자기 와서 위에서 내리누르다.

산과 파도는 각각 어떤 일을 하는지 따라 써 보세요.

올라가다

내려가다

굴리다

다가오다

빠지다

덮치다

자연의 성질이나 상태를 꾸며 주는 말을 알아봅시다. (형용사)

선선하다	시원한 느낌이 들 정도로 찬 느낌이 있다.
까마득하다	거리가 매우 멀어 보이는 것이나 들리는 것이 희미하다.
힘들다	힘이 쓰이다.
쓸쓸하다	외롭고 조용하다.
굉장하다	아주 크고 훌륭하다.
메마르다	땅이 물기가 없고 영양분이 없다.

 ## 어떤 말이 들어가야 할까요?

쓸쓸   **굉장**   **힘들**   **까마득**

- 혼자 서 있는 나무가 　　　　　　 해 보인다.

- "절벽 끝에서 아래를 내려다보니 　　　　　　 하다!"

- "산을 오르는 것이 너무 　　　　　 어서 조금 쉬어야겠어."

- "산 정상까지 올라오니 자연의 풍경이 　　　　　　 하다!"

한 문장 독해 _ 한 문장으로 된 글을 읽고, 물음에 답하세요.

이 다리는 할머니가 살고 계신 섬으로 연결되어 있다.

1. 섬으로 연결된 것은 무엇인지 쓰세요.

....

바닷가를 걷다가 파도가 덮치는 바람에 바지가 다 젖었어요.

2. 바지가 젖은 것은 무엇 때문인가요?

미역 / 모래 / 파도

아빠와 나는 산에서 내려오다가 도토리를 물고 가는 다람쥐를 보았다.

3. 다람쥐는 무엇을 하고 있었나요?

산에서 내려오고 있었다. / 아빠를 보고 있었다. / 도토리를 물고 가고 있었다.

두 문장 독해 _ 두 문장으로 된 글을 읽고, 물음에 답하세요.

> 나는 산의 골짜기를 따라 올라갔다.
> 그곳에는 큰 소리를 내며 폭포가 쏟아지고 있었다.

1. 나는 어디를 따라 올라가고 있었는지 쓰세요.

....

> "형, 우리 계곡물에 발 담그고 놀자."
> "그래. 계곡물은 여름인데도 얼음같이 차갑구나!"

2. 형과 내가 발을 담그고 논 곳은 어디인가요?

> 계곡물 / 바닷물 / 시냇물 / 강물

> 산을 오르다 보면 사람들과 마주친다.
> 산에서 만난 사람들은 서로 아는 사람처럼 반갑게 인사한다.

3. 산에서 사람들을 만나면 어떻게 하나요?

> 서로 이야기한다.
> 모른 척 지나간다.
> 반갑게 인사한다.

세 문장 독해 _ 세 문장으로 된 글을 읽고, 물음에 답하세요.

> 우리 가족은 일 년에 한 번씩 서해 바닷가에 놀러 간다.
> 그곳은 썰물 때 바닷물이 빠지면 갯벌이 드러나는 곳이다.
> 발이 푹푹 빠지는 갯벌을 돌아다니며 조개, 낙지, 작은 게를 잡으면 재미있다.

썰물 : 바닷물이 밀려 나가서 바닷물의 높이가 낮아지는 것

1. 우리 가족은 일 년에 한 번씩 어디에 놀러 가나요?

   ....

2. 썰물로 바닷물이 빠지면 드러나는 것은 무엇인가요?

   ....

3. 갯벌에서 무엇을 잡을 수 있나요?

   ....

18

소리를 흉내 내는 말 (의성어)

• 나는 바닷가에서  모래성을 쌓았다.

토닥토닥 : 물체를 계속해서 가볍게 두드리는 소리

• 형과 계곡에서 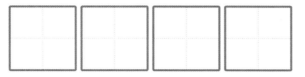 거리며 물장난을 쳤어요.

텀벙 : 크고 무거운 물건이 물에 떨어져 잠기는 소리

• 마을 아래는 물이 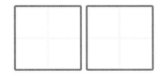 흐르는 작은 시내가 있어요.

졸졸 : 가는 물줄기가 끊임없이 흐르는 소리

• 장마가 시작되자 흙탕물이 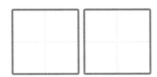 흘러가요.

좔좔 : 많은 양의 액체가 세차게 흐르는 소리

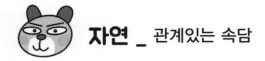
바다는 메워도 사람의 욕심은 못 채운다.

사람의 욕심은 끝이 없다는 말이에요.

너무 많이 샀어.
바다는 메워도
사람의 욕심은
못 채우는구나.

산 넘어 산이다.

어렵고 곤란한 일이 계속 생긴다는 뜻이에요.

수학 시험 뒤에
바로 영어 시험이라고?
어휴. 산 넘어 산이다.

자연 _ 관계있는 습관적으로 쓰는 말 (관용어)

> 바다와 같다.

> 매우 넓거나 깊다.

부모님의 마음은
바다와 같다.

> 인왕산 호랑이

> 몹시 무서운 대상을 빗대어 이르는 말

3반 선생님 별명은
인왕산 호랑이이다.

여러 가지 뜻을 가진 낱말 (다의어)

1 높다

아래에서 위까지의 길이가 길다.

2 높다

숫자로 나타낼 수 있는 온도, 습도가 기준보다 위에 있다.

3 높다

능력, 수준, 품질이 보통보다 위에 있다.

- 어떤 '높다'인지 번호를 써 보세요.

김 박사님은 뇌과학 분야에서 이름이 높은 분이다.

"저 고양이는 높은 담 위에 어떻게 올라갔을까?"

오늘은 올여름 들어 가장 기온이 높은 날이다.

시간을 나타내는 말을 사용해서 문장을 완성해 보세요. (문법-시제)

> 훗날　　　다음 주　　　지난주　　　이번 주

> **훗날 :** 시간이 지나 뒤에 올 날
> **다음 주 :** 기준으로 하는 어떤 때의 바로 뒤에 오는 주
> **지난주 :** 이 주의 바로 앞의 주
> **이번 주 :** 이번 주일

우리 가족은 (　　　　)에 부산에서 회를 먹었었다.

➜ ....

"아빠, (　　　　) 일요일에 저랑 같이 등산 가요."

➜ ....

(　　　　)에 이모네 가족들과 함께 계곡에 갈 예정이다.

➜ ....

"먼 (　　　　)에는 달나라 여행도 가능하지 않을까?"

➜ ....

다음 글을 읽고, 물음에 답하세요.

"용왕님. 저는 산과 바다를 자유롭게 다닐 수 있으니, 제가 토끼를 데려오겠습니다."

육지에 도착한 자라는 두리번두리번 토끼를 찾았어요.

'기다란 귀, 짧은 앞다리, 긴 뒷다리, 통통한 꼬리. 깡충깡충 뛰는 저 작은 동물이 토끼로구나!'

"토끼 선생님, 잠깐만요. 저는 바다에 사는 자라입니다. **용왕님**께서 토끼 선생님을 초대하셨어요. 제 등을 타고 아름다운 바닷속을 구경 가지 않으시겠어요?"

토끼는 잠시 생각하더니 자라의 등에 **냉큼** 탔어요.

용왕님 : 전래 동화에 나오는 바다를 다스리는 임금님이에요.
냉큼 : 머뭇거리지 않고 가볍게 빨리라는 뜻이에요.

1 자라가 토끼를 데려오겠다고 말한 이유는 무엇인가요?

① 토끼를 데리고 올 만큼 힘이 세서

② 산에서 뛰어다닐 수 있어서

③ 바다에서만 살 수 있어서

④ 산과 바다를 자유롭게 다닐 수 있어서

2 다음 중 자라가 본 토끼의 특징이 <u>아닌</u> 것은 무엇인가요?

① 기다린 귀   ② 짧은 앞다리

③ 날씬한 뒷다리   ④ 통통한 꼬리

3 '눈을 크게 뜨고 자꾸 여기저기를 이리저리 살펴보는 모양'이란 뜻으로, 자라가 토끼를 찾는 모습을 어떻게 나타냈나요?

육지에 도착한 자라는 ●●●●●● 토끼를 찾았어요.

다음 글을 읽고, 물음에 답하세요.

보낸 사람 moon@nave.com
받는 사람 soo@nave.com

민수야, 삼촌이 설악산 **등산 코스**를 메일로 보낼게.

도움이 되었으면 좋겠구나. 첫 코스는 설악산 입구에서 비룡 폭포로 가는 코스인데 오르기가 힘들지는 않아.

설악산 정문에서 쭉 들어가면 곰 동상이 있고, 거기서 길이 나뉘는데 왼쪽으로 가야 해.

비룡 폭포까지는 갈 때 1시간, 돌아올 때 1시간, 총 2시간 정도로 계획하면 될 거야.

비룡 폭포는 폭포의 모양이 용이 하늘을 향해 날아오르는 것 같아서 그 이름이 붙여졌대.

정말 멋있으니까 사진 많이 찍으렴.

등산 코스 : 등산할 때 안전과 경치를 생각하여 정해 놓은 몇 갈래의 길이에요.

1 삼촌이 설명한 등산 코스에 대한 설명으로 맞지 <u>않은</u> 것은 무엇인가요?

① 오르기가 힘들지는 않아.

② 곰 동상에서 길이 합쳐진단다.

③ 길이 나뉘면 왼쪽으로 가야 해.

④ 비룡 폭포를 다녀오면 총 2시간 정도 걸려.

2 비룡 폭포라는 이름이 붙여진 이유는 무엇인가요?

① 비룡 폭포까지 가는 길에 비룡 바위가 있어서

② 설악산의 모습이 용이 하늘을 향해 날아오르는 것 같아서

③ 폭포로 가는 길이 용처럼 구불구불해서

④ 폭포의 모양이 용이 하늘을 향해 날아오르는 것 같아서

3 설악산 입구에서 출발한 시간이 오전 9시 30분이라면, 비룡 폭포를 구경하고 다시 설악산 입구까지 돌아오면 몇 시가 될까요?

비룡 폭포까지는 갈 때 1시간, 돌아올 때 1시간, 총 2시간으로 계획하면 될 거야.

9시 30분 + 2시간

= ⬜ 시 ⬜ 분

해(海)   바다를 뜻하고
해라고 읽어요.

 다음 낱말을 큰 소리로 읽어 보세요.

해변   해일

심해   항해   해적선

이 글자는 물 옆에 어머니께서 앉아 계시는 모양이에요.

모양	뜻	소리
海	바다	해

쓰는 순서와 쓰기

`丶 丶 氵 氵 汇 汇 海 海 海 海`

바다 해	바다 해	바다 해	바다 해

바다 해	바다 해	바다 해	바다 해

낱말에 해(海)가 숨어 있으면, 그 낱말에는 '바다'의 뜻이 들어 있어요.

<table>
<tr><td>낱말에 똑같이 들어 있는 글자에
동그라미 하세요.</td><td>낱말에 숨어 있는 같은 한자에
동그라미 하세요.</td></tr>
</table>

해변	海변 바닷물과 땅이 닿은 근처
해일	海일 갑자기 바닷물이 크게 일어서 육지로 넘쳐 들어오는 것
심해	심海 깊은 바다
항해	항海 배를 타고 바다 위를 다님
해적선	海적선 다른 배나 해안가 사람들의 돈과 물건을 빼앗는 도둑이 타고 다니는 배

공통 글자는 무엇인지 써 보세요.	공통 한자는 무엇인지 써 보세요.

바다 해(海)가 숨어 있는 낱말에 동그라미 하고 써 보세요. (5개)

해변을 걷다가 재미있는 상상을 했다. 멀리서부터 해일이 일면서 심해에 사는 괴물 문어가 모래 위로 올라온다든지, 저기 항해하는 배가 사실은 해적선이었다는 그런 상상 말이다. 바다를 보면 내 상상력도 바다만큼 넓어진다.

해◻ / 해◻ / ◻해

◻해 / 해◻◻

기본 낱말 다시 배우기 (명사)

 갯 ⬤ 밀물 때는 물에 잠기고 썰물 때는 물 밖으로 드러나는 땅

움직임을 나타내는 말 (동사)

 ⬤ 라 가 다 아래에서 위로 가다.

성질이나 상태를 꾸며 주는 말 (형용사)

"산을 오르는 것이 너무 어서 조금 쉬어야겠어."

힘들다 : 힘이 쓰이다.

소리를 흉내 내는 말 (의성어)

나는 바닷가에서  모래성을 쌓았다.

토닥토닥 : 물체를 계속해서 가볍게 두드리는 소리

속담

 넘어 산이다. ➡ 어렵고 곤란한 일이 계속 생긴다는 뜻이에요.

수학 시험 뒤에 바로 영어 시험이라고? 어휴. 넘어 산이다.

습관적으로 쓰는 말 (관용어)

 와 같다. ➡ 매우 넓거나 깊다.

부모님의 마음은 와 같다.

여러 가지 뜻을 가진 낱말 (다의어)

"저 고양이는 높은 담 위에
어떻게 올라갔을까?"

- 아래에서 위까지의 길이가 길다.
- 숫자로 나타낼 수 있는 온도, 습도가 기준보다 위에 있다.
- 능력, 수준, 품질이 보통보다 위에 있다.

시간을 나타내는 말을 사용해서 문장을 완성해 보세요. (문법-시제)

(　　　　)에 이모네 가족들과 함께 계곡에 갈 예정이다.

➡ ....

오늘 한자

해(海) : **바다**를 뜻하고 **해**라고 읽어요.

2주

한눈에 보는
식물

식물　　나무　　나뭇잎　　나뭇가지　　묘목

광합성　　식물원　　수목원　　잡초　　잔디밭

씨앗　　뿌리　　줄기　　꽃　　장미　　코스모스

카네이션　　해바라기　　나팔꽃　　선인장

식물	대부분 자유롭게 움직일 수 없고 광합성으로 영양을 보충하며 생물 중에서 동물과 구별되는 것
광합성	녹색식물이 빛 에너지를 이용하여 영양분을 만드는 과정
꽃	꽃받침과 꽃잎, 암술과 수술로 이루어져 있고 모양과 색이 다양한 식물
잡초	가꾸지 않아도 저절로 나서 자라는 여러 가지 풀

식물을 나타내는 말을 알아봅시다. (동사)

| 시들다 | 가꾸다 | 마르다 | 키우다 | 뽑다 |
| 감다 | 거두다 | 떼다 | 넘어가다 | 죽다 |

시들다   꽃이나 풀이 말라 싱싱한 느낌이 없어지다.

가꾸다   식물이나 식물을 기르는 장소를 손질하고 보살피다.

뽑다   박힌 것을 잡아당겨 빼내다.

감다   어떤 물체를 다른 물체에 말거나 빙 두르다.

거두다   익은 곡식이나 열매를 따서 담거나 모으다.

넘어가다   바로 있던 것이 저쪽으로 기울어지거나 쓰러지다.

 꽃과 잡초는 각각 어떤 일을 하는지 따라 써 보세요.

가꾸다

시들다

키우다

뽑다

떼다

마르다

식물의 성질이나 상태를 꾸며 주는 말을 알아봅시다. (형용사)

굵다	물체의 둘레가 길다.
가늘다	물체의 둘레가 짧다.
생생하다	싱싱하며 힘이 있다.
빽빽하다	사이가 매우 좁거나 작다.
따스하다	알맞게 따뜻하다.
곧바르다	기울거나 굽지 않고 곧고 바르다.

 어떤 말이 들어가야 할까요?

생생   빽빽   따스   가

- 나무와 풀이 　　　　　　 한 산책 길을 천천히 걸었다.

- 화분에 물을 주자 잎들이 　　　　　　 하게 살아났다.

- 나는 동생과 잎이 　　　　　　 는 풀로 풀피리를 불었다.

- 오늘 햇살이 　　　　　　 해서 밖에 화분을 내놓았다.

한 문장 독해 _ 한 문장으로 된 글을 읽고, 물음에 답하세요.

우리 아파트에는 누군가가 가꾸는 작은 화단이 있다.

1. 우리 아파트에 무엇이 있는지 쓰세요.

. . . .

나는 상추를 심은 텃밭에 아무렇게나 자라난 잡초를 뽑았다.

2. 내가 텃밭에서 뽑은 것은 무엇인가요?

상추 / 배추 / 잡초

작은 나무를 감고 올라간 강낭콩 덩굴에는 어느새 콩깍지가 생겼다.

3. 강낭콩 덩굴은 어떻게 자라고 있나요?

작은 나무를 밟고 올라간다. / 작은 나무를 감고 올라간다. / 작은 나무 아래 자란다.

두 문장 독해 _ 두 문장으로 된 글을 읽고, 물음에 답하세요.

그 해변에는 수많은 야자수가 빽빽하게 자라고 있었다.
마치 외국에 온 착각이 들 정도였다.

1. 해변에 무엇이 빽빽하게 자라고 있는지 쓰세요.

"엄마, 화분의 식물들이 마르고 시들었어요. 어떡하죠?"
"물을 안 줘서 그래. 화분에 물을 좀 줄까?"

2. 마르고 시든 식물에 필요한 것은 무엇인가요?

물 / 햇빛 / 바람 / 거름

친구가 장미꽃을 한 다발 선물해 주었다.
줄기 아래쪽의 잎을 떼어 내고, 꽃병에 꽂으니 참 예쁘다.

3. 장미꽃을 꽃병에 꽂기 전에 무엇을 했나요?

줄기 아래쪽을 잘랐다.
줄기 아래쪽의 잎을 떼어 냈다.
줄기 전체의 잎을 떼어 냈다.

세 문장 독해 _ 세 문장으로 된 글을 읽고, 물음에 답하세요.

> 봄이 되면 우리 집은 정원을 가꾸기 시작한다.
> 겨울을 지난 정원의 시든 나뭇잎과 마른풀은 떼어 낸다.
> 그리고 다양한 종류의 꽃과 나무를 심으면 내 마음에도 봄이 찾아온다.

1. 우리 집이 봄에 가꾸기 시작하는 것은 무엇인가요?

....

2. 겨울을 지난 정원에서 떼어 내는 것은 무엇인가요?

....

3. 정원에 무엇을 심나요?

....

모양을 흉내 내는 말 (의태어)

- 정원의 나무가 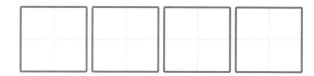 잘 자라고 있어요.

무럭무럭 : 순조롭고 힘차게 잘 자라는 모양

- 화단에 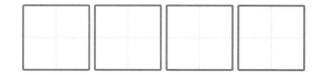 난 잡초를 뽑았다.

듬성듬성 : 매우 드물고 띄엄띄엄 있는 모양

- 나무가 태풍에  부러졌어요.

우지직 : 크고 단단한 물건이 부러지거나 찢어지거나 부서지는 모양

- 봄이 되자 새싹들이 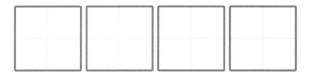 나오기 시작했다.

뾰족뾰족 : 여럿이 다 끝이 점차 가늘어져서 날카로운 모양

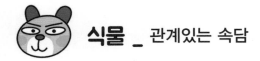

나무를 보고 숲을 보지 못한다.

부분만 보고 전체는 보지 못하는 행동을 말해요.

합창은 혼자가 아니라
다 함께 잘해야 멋있어.
나무를 보고 숲을 보지
못하면 안 된단다.

그 나물에 그 밥

서로 비슷하여 별다르지 않거나 기대한 것보다 못할 때를 뜻해요.

여기서 뭘 고르든지
그 나물에 그 밥이다.

식물 _ 관계있는 습관적으로 쓰는 말 (관용어)

씨가 마르다.

모조리 없어지다.

문구점에 미술 준비물인
먹물이 씨가 말라 못 구했어.

사시나무 떨듯

몸을 몹시 떠는 모양

고양이가 무서운지
몸을 사시나무 떨듯 하네.

글자만 같은 서로 다른 낱말 (동형어)

1 풀

2 풀

3 풀

줄기가 연하고
물기가 많아
단단하지 않은
식물을 통틀어
이르는 말

쌀이나 밀가루 같은
곡식에서 **빼낸**
끈끈한 물질로
무언가를 붙일 때 씀

힘 있고 활발한
느낌

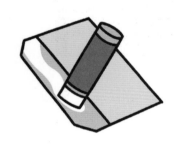

- **어떤 '풀'인지 번호를 써 보세요.**

편지 봉투 입구를 풀로 잘 붙여서 우체통에 넣었다.

"괜찮아. 풀 죽지 말고 힘내!"

학교 뒷마당에서 토끼가 풀을 맛있게 먹고 있다.

알맞은 문장 부호를 넣어 보세요. (문법-문장 부호)

> !   " "   ,   :

! : 느낌표. 감탄이나 놀람, 소리침, 강한 명령, 대답을 나타내는 말 뒤에 써요.

" " : 큰따옴표. 대화하는 문장의 앞뒤에 써요.

, : 쉼표. 단어를 늘어놓거나, 누구를 부르는 말 뒤에 써요.

: : 쌍점. 예를 들거나 종류를 말할 때, 설명을 붙일 때, 시와 분을 구분할 때 써요.

내가 좋아하는 꽃은 민들레(   ) 코스모스(   ) 장미이다.

➡

숲길을 산책하다가 동생이 말했어요.
(   )누나, 그늘에서 좀 쉬다 가자.(   )

➡

식물원 운영 시간 (   ) 오전 9시 ~ 오후 5시

➡

"와(   ) 이 나무의 나이가 200살이래(   )"

➡

다음 글을 읽고, 물음에 답하세요.

잠에서 깬 잭은 깜짝 놀랐어요.

창밖에 커다랗게 자란 콩나무가 저 하늘 끝까지 높게 뻗어 있었어요.

'우와! 하룻밤 사이에 저렇게 어마어마하게 큰 콩나무가 되다니, 할아버지의 말대로 요술 콩이었어. 저 꼭대기에는 무엇이 있을까? 올라가 봐야겠다!'

호기심 많은 잭은 콩나무를 타고 하늘 위까지 올라갔어요.

"야호. 내가 구름을 뚫고 올라왔어!"

잭은 구름 위에서 거인이 살 만큼 큰 집을 발견했어요.

1 잠에서 깬 잭이 깜짝 놀란 이유는 무엇인가요?

① 할아버지의 말이 거짓말이어서

② 콩나무가 너무 굵게 자라서

③ 콩나무가 하늘 끝까지 높게 뻗어 있어서

④ 꼭대기에 무엇이 있는지 한눈에 보여서

2 어떻게 작은 콩이 커다란 콩나무가 되었을까요?

① 잭이 요술을 부렸어요.

② 콩이 요술 콩이었어요.

③ 하늘에서 내려온 콩이에요.

④ 잭이 좋은 콩을 사 왔어요.

3 '매우 놀랍게 엄청나고 굉장하다.'라는 뜻으로 콩나무가 자란 것을 어떻게 나타냈나요?

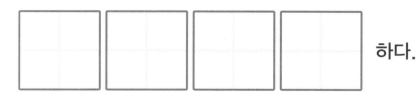

하룻밤 사이에 저렇게 ●●●● 하게 큰 콩나무가 되다니.

				하다.

다음 글을 읽고, 물음에 답하세요.

동생 누나. 내가 선인장을 선물 받았는데 이것도 키우는 법은 엄마가 키우는 식물들이랑 똑같은 거야?

누나 아냐. 선인장은 줄기에 물을 많이 저장하고 있고 성장이 느려서, 다른 식물들과 똑같이 물을 주면 뿌리가 썩어서 병이 날 수 있어. 선인장은 **건조**한 사막에서도 잘 살거든.

동생 맞아. 나도 사막에 선인장 있는 사진이나 그림 많이 봤어.

누나 응. 그리고 햇볕을 아주 좋아하니까 네 방 창가에 두면 좋을 것 같아. 물은 일주일에 한 번 정도만 주면 돼.

건조 : 말라서 젖은 듯한 느낌이 전혀 없는 것을 말해요.

1 다음 중 선인장에 대한 특징이 <u>아닌</u> 것은 무엇인가요?

① 햇볕을 좋아해요.

② 뿌리에 물을 많이 저장하고 있어요.

③ 건조한 곳에서도 잘 살아요.

④ 성장이 느려요.

2 선인장 키우는 법을 잘 설명한 것은 무엇인가요?

① 물은 일주일에 한 번 정도 줍니다.

② 그늘지고 시원한 곳에 둡니다.

③ 습기가 많은 목욕탕에 둡니다.

④ 다른 식물들과 똑같이 키우면 됩니다.

3 동생이 5월 5일에 처음 물을 줬다면 다시 물을 줘야 하는 날은 언제인가요?

> 물은 일주일에 한 번 정도만 주면 돼.

- 첫 번째 물 주는 날 : 5월 5일
- 두 번째 물 주는 날 :　　　 월　　　 일
- 세 번째 물 주는 날 :　　　 월　　　 일
- 네 번째 물 주는 날 :　　　 월　　　 일

월	화	수	목	금	토	일
1	2	3	4	5	6	7
8	9	10	11	12	13	14
15	16	17	18	19	20	21
22	23	24	25	26	27	28
29	30	31				

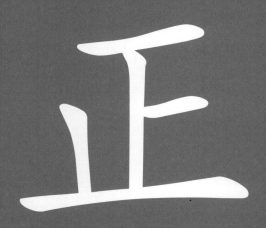

정(正) 바르다를 뜻하고
정이라고 읽어요.

 다음 낱말을 큰 소리로 읽어 보세요.

단정하다 정확

부정 정직 정의

이 글자는 성을 향해 걸어가는 모양이에요.

모양	뜻	소리
正	바르다.	정

쓰는 순서와 쓰기

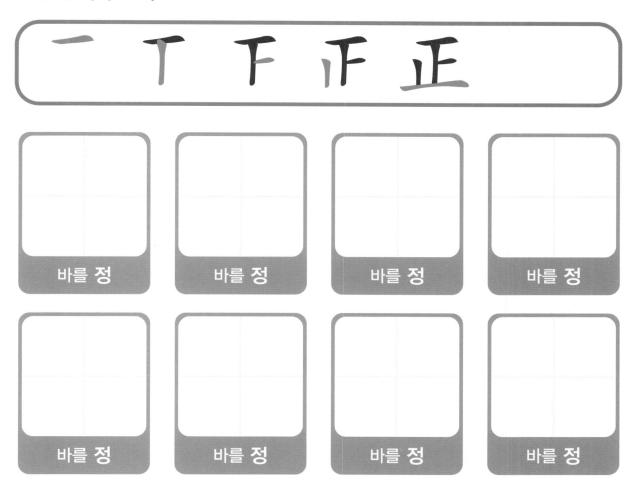

一 丅 下 正 正

바를 정	바를 정	바를 정	바를 정

바를 정	바를 정	바를 정	바를 정

낱말에 정(正)이 숨어 있으면, 그 낱말에는 '바르다.'의 뜻이 들어 있어요.

낱말에 똑같이 들어 있는 글자에 동그라미 하세요.	낱말에 숨어 있는 같은 한자에 동그라미 하세요.
단정하다	단正하다 얌전하고 바름
정확	正확 바르고 확실함
부정	부正 올바르지 않거나 옳지 못함
정직	正직 마음에 거짓과 꾸밈없이 바르고 곧음
정의	正의 바른 뜻 또는 올바른 생각

공통 글자는 무엇인지 써 보세요.	공통 한자는 무엇인지 써 보세요.

바를 정(正)이 숨어 있는 낱말에 동그라미 하고 써 보세요. (5개)

뒷산에 단정하게 우뚝 서 있는 큰 소나무가 있다. 정확하게 알 수는 없지만, 100살이 넘었다는데도 꺾인 곳, 벌레 먹은 곳 하나 없이 꼿꼿하고 푸르다. 마치 부정한 것은 멀리하고, 정직하고 정의롭게 살아온 옛 선비의 모습을 떠올리게 한다.

□정 / 정□ / □정

정□ / 정□

기본 낱말 다시 배우기 (명사)

 **광** ⬤ **성** 녹색식물이 빛 에너지를 이용하여 영양분을 만드는 과정

움직임을 나타내는 말 (동사)

⬤ **꾸** **다** 식물이나 식물을 기르는 장소를 손질하고 보살피다.

성질이나 상태를 꾸며 주는 말 (형용사)

화분에 물을 주자 잎들이 하게 살아났다.

생생하다 : 싱싱하며 힘이 있다.

모양을 흉내 내는 말 (의태어)

정원의 나무가  잘 자라고 있어요.

무럭무럭 : 순조롭고 힘차게 잘 자라는 모양

속담

나무를 보고 을 보지 못한다. ➔ 부분만 보고 전체는 보지 못하는
행동을 말해요.

합창은 혼자가 아니라 다 함께 잘해야 멋있어. 나무를 보고 을 보지 못하면 안 된단다.

습관적으로 쓰는 말 (관용어)

 떨듯 ➔ 몸을 몹시 떠는 모양

고양이가 무서운지 몸을 떨듯 하네.

글자만 같은 서로 다른 낱말 (동형어)

"괜찮아. 풀 죽지
　말고 힘내!"

- 줄기가 연하고 물기가 많아 단단하지 않은
  식물을 통틀어 이르는 말
- 쌀이나 밀가루 같은 곡식에서 **빼낸** 끈끈한
  물질로 무엇을 붙일 때 씀
- 힘 있고 활발한 느낌

알맞은 문장 부호를 넣어 보세요. (문법-문장 부호)

"와(　　) 이 나무의 나이가 200살이래(　　　)"

➔ ....

오늘 한자

정(正) : **바르다**를 뜻하고 **정**이라고 읽어요.

3주

한눈에 보는
동물과 곤충

동물 포유류 어류 파충류 조류 물고기 곤충 벌레

아가미 코끼리 사자 돼지 고래 공작새 뱀 딱정벌레

포유류
뇌가 발달해서 동물 중에 가장 머리가 좋고 새끼를 낳아 젖을 먹여 기르는 동물

어류
지느러미와 부레가 있어서 물속을 헤엄치고 아가미로 호흡하는 동물

파충류
뱀이나 악어처럼 피부가 비늘로 덮여 있고 폐로 호흡을 하는 동물

아가미
물속에서 사는 동물이 호흡하기 위한 몸의 부위

곤충
알을 낳고 머리, 가슴, 배의 세 부분으로 구분하는 동물

벌레
곤충을 포함하고 기생충처럼 몸의 구조가 단순한 동물까지 통틀어 이르는 말

동물과 곤충을 나타내는 말을 알아봅시다. (동사)

| 날다 | 물다 | 잡아먹다 | 어슬렁대다 | 잡히다 |
| 달아나다 | 쓰다듬다 | 도망가다 | 쫓아내다 | 숨다 |

날다 공중에 떠서 이곳에서 저곳으로 움직이다.

물다 이빨 사이에 끼워서 빠져나가지 않게 세게 누르다.

잡아먹다 동물을 죽여 그 고기를 먹다.

어슬렁대다 몸집이 큰 사람이나 짐승이 몸을 조금 흔들며 천천히 걸어 다니다.

쫓아내다 억지로 밖으로 나가게 하다.

숨다 보이지 않게 몸을 감추다.

 동물과 벌레는 각각 어떤 일을 하는지 따라 써 보세요.

| 물다 | 잡아먹다 | 어슬렁대다 |

| 날다 | 숨다 | 쫓아내다 |

동물과 곤충의 성질이나 상태를 꾸며 주는 말을 알아봅시다. (형용사)

힘차다	힘이 있고 씩씩하다.
영리하다	눈치가 빠르고 똑똑하다.
가렵다	피부에 긁고 싶은 느낌이 있다.
미련하다	매우 어리석고 둔하다.
부드럽다	닿는 느낌이 거칠거나 뻣뻣하지 아니하다.
뻣뻣하다	굳고 단단하다.

 어떤 말이 들어가야 할까요?

부드	뻣뻣	가려	영리

- 강아지의 털을 만져 보니 　　　　　　　　 해서 신기했다.

- 어제 캠핑에서 벌레에 물려서 　　　　　　　 웠다.

- "너희 집 고양이는 정말 　　　　　　 하구나!"

- 햄스터의 털이 　　　　　　 러워서 기분 좋다.

한 문장 독해 _ 한 문장으로 된 글을 읽고, 물음에 답하세요.

작은 애벌레가 나뭇잎 위를 꼬물꼬물 기어간다.

1. 나뭇잎 위를 기어가는 것은 무엇인지 쓰세요.

· ·

안쪽에서 잠을 자던 호랑이가 사람들의 소리를 듣고 어슬렁거리며 나왔다.

2. 어슬렁거리며 나온 동물은 무엇인가요?

호랑이 / 사자 / 코끼리

고슴도치는 부드러운 털 대신 뻣뻣한 가시로 자기 몸을 보호한다.

3. 고슴도치의 가시가 하는 역할은 무엇인가요?

추위를 막는다. / 몸을 보호한다. / 몸을 숨긴다.

두 문장 독해 _ 두 문장으로 된 글을 읽고, 물음에 답하세요.

> 거미는 파리, 모기, 나방, 바퀴벌레와 같은 해충들을 잡아먹어요.
> 그래서 '살아 있는 농약'이라고 불리기도 해요.

농약 : 농작물에 해로운 벌레나 병균을 없애는 약품

1. '살아 있는 농약'이라 불리는 것은 무엇인지 쓰세요.

....

> "누나. 나 모기한테 물려서 팔이 너무 가려워."
> "응. 나도 물렸어. 잡고 싶은데 너무 빨리 도망가 버리네."

2. 나의 팔을 문 곤충은 무엇인가요?

> 파리 / 모기 / 바퀴벌레 / 지네

> 나는 동네에 자주 보이는 고양이를 쓰다듬어 주고 있었다.
> 그런데 멀리서 바스락 소리가 들리자 달아나 버렸다.

3. 고양이는 바스락 소리를 듣고 어떻게 했나요?

> 가만히 있었다.
> 노려보았다.
> 달아나 버렸다.

> 혹등고래는 모성애가 강한 동물이다.
> 새끼에게 젖을 먹이는 6개월 동안, 어미 고래는 아무것도 먹지 않는다.
> 그리고 새끼를 20분에 한 번씩 물 밖으로 밀어 올려 숨 쉴 수 있게 해 준다.

모성애 : 자식에 대한 어머니의 사랑

1. 혹등고래는 무엇이 강한 동물인가요?

....

2. 어미 고래는 얼마나 아무것도 먹지 않나요?

....

3. 새끼 고래를 얼마 만에 한 번씩 물 밖으로 밀어 올리나요?

....

모양을 흉내 내는 말 (의태어)

- 작은 참새 한 마리가 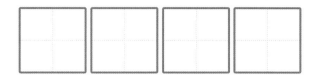 날아왔어요.

파닥파닥 : 작은 새가 가볍고 빠르게 잇따라 날개를 치는 모양

- 사육장의 문을 열자 토끼가  뛰어나왔다.

깡충깡충 : 짧은 다리를 모으고 계속 힘 있게 솟구쳐 뛰는 모양

- 우리를 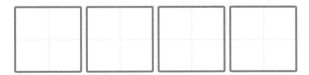 쫓아오는 오리가 너무 귀엽다.

뒤뚱뒤뚱 : 크고 묵직한 몸이 이리저리 기울어지며 흔들리는 모양

- 지렁이가 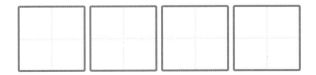 기어가요.

꼬물꼬물 : 매우 느리고 조그맣게 자꾸 움직이는 모양

동물과 곤충 _ 관계있는 속담

> 호랑이에게 물려 가도 정신만 차리면 산다.

> 정신을 똑똑히 차리면 위기를 벗어날 수가 있다는 뜻이에요.

호랑이에게 물려 가도
정신만 차리면 살아.
긴장하지만 않으면
잘할 거야.

> 돼지에 진주

> 값어치를 모르면 좋은 것도 소용없다는 말이에요.

값어치 : 값에 해당하는 분량이나 가치

축구밖에 모르는
동생에게 멋진 구두는
돼지에 진주다.

동물과 곤충 _ 관계있는 습관적으로 쓰는 말 (관용어)

놀란 토끼 눈을 하다.

놀라서 눈을 크게 뜨다.

나는 영철이가
1등이라는 말에
놀란 토끼 눈이 되었다.

쥐도 새도 모르게

아무도 모르게 재빠르다.

나는 쥐도 새도 모르게
뒷문으로 살짝 빠져나왔다.

비슷한 말과 반대말 (유의어와 반의어)

비슷한 말

잡다 손으로 움키고 놓지 않다.

쥐다 손안에 움켜잡다.

붙들다 놓치지 않게 꽉 쥐다.

반대말

놓다 잡고 있던 것을 손 밖으로 빠져나 가게 하다.

동물

• 비슷한 말과 반대말을 연결해 보세요.

나는 가방을 오른손에 ⬭ .   •

동생은 내 손을 꼭 ⬭ .   •

난 들고 있던 짐을 바닥에 ⬭ .   •

바람 때문에 열리는 문을 꼭 ⬭ .   •

잡았다

• 쥐었다

붙들었다

• 놓았다

뒤죽박죽 섞여 있는 글을 바른 순서로 써 보세요. (문법-어순)

바다에 살지만, / 고래는 / 아닙니다. / 물고기가

➜ ....

새 종류는 / 모든 / 알을 / 낳아요.

➜ ....

개미가 / 가고 있다. / 줄을 지어 / 수많은

➜ ....

보호색 역할을 / 무늬는 / 얼룩말의 / 해요.

➜ ....

다음 글을 읽고, 물음에 답하세요.

> "드디어 제가 은혜를 갚을 수 있겠어요. 구아드 님은 아무 걱정하지 말고 푹 주무세요."
>
> 다음 날 아침, 구아드의 머리맡에는 달님처럼 빛나면서, 무지개처럼 곱고, 구름처럼 가벼운 아름다운 천이 놓여 있었어요.
>
> "이것은 저를 구해 주신 구아드 님께 드리는 선물입니다. 구아드 님이 사랑하는 피카스의 아버님도 이 천을 보시면 결혼을 허락해 주실 거예요."
>
> 그 아름다운 천은 흰 거미가 밤새 달빛과 별빛을 엮고, 바람과 구름을 모아서 만든 세상에서 하나뿐인 귀한 천이었어요.

흰 거미가 구아드에게 선물을 한 이유는 무엇인가요?

① 자신을 구해 준 구아드에게 은혜를 갚으려고

② 구아드가 부자가 되게 하려고

③ 자기가 피카스와 결혼하려고

④ 피카스의 아버님께 잘 보이려고

 세상에서 하나뿐인 귀한 천에 들어간 재료가 <u>아닌</u> 것은 무엇인가요?

① 달빛   ② 별빛

③ 햇빛   ④ 바람

 '끈이나 줄 여러 가닥을 이리저리 매어 어떤 물건을 만들다.'란 뜻으로 흰 거미가 달빛과 별빛으로 만드는 방법을 어떻게 나타냈나요?

> 달빛과 별빛을 고, 바람과 구름을 모아서 만든 세상에서 하나뿐인 귀한 천이었어요.

☐ 다.

다음 글을 읽고, 물음에 답하세요.

서로 화가 나 있고, 무대 왼쪽은 새 무리.

오른쪽은 땅에 사는 동물들. 중앙에는 박쥐가 서 있다.

독수리 : (오른쪽을 째려보며) 박쥐야! 우리 편이 되어 싸우자.

앵무새 : (화가 난 듯 날개를 푸드덕거린다) 그래. 넌 날아다니잖아!

박쥐 : (새 쪽을 보며 미안한 얼굴) 미안해. 난 새끼를 낳는 네발 달린 동물과
　　　같아.

코끼리 : (화가 나서 발을 굴리며) 박쥐야. 우리와 함께 새들에 맞서 싸우자!

박쥐 : (날개를 보여 주며) 난 이렇게 날개가 있는걸. 새랑 비슷해.

박쥐 : (혼잣말로) 어느 편도 들 수 없으니 **곤란하네**. 동굴에 가서 숨어야지.

곤란하다. : 마음이 몹시 불편하고 어렵다는 뜻이에요.

1 박쥐는 날개가 있지만 네발 달린 동물이라고 말한 이유는 무엇인가요?

① 네발 달린 동물처럼 새끼를 낳으니까

② 새처럼 알을 낳으니까

③ 네발 달린 동물처럼 땅 위를 다니니까

④ 새처럼 날아다니니까

2 박쥐가 동굴에 가서 숨은 이유는 무엇인가요?

① 땅에 사는 동물 편을 들고 싶어서

② 어느 편도 들 수 없으니 곤란해서

③ 새 편을 들고 싶어서

④ 양쪽 편을 다 들려고

3 더 무거운 동물 쪽에 보기와 같이 부등호를 표시 해 보세요.

> 무겁다 〉 가볍다   코끼리 〉 토끼

- 사자　　　　다람쥐

- 독수리　　　　참새

- 고양이　　　　하마

- 박쥐　　　　기린

- 곰　　　　갈매기

자(自) 스스로를 뜻하고
자라고 읽어요.

 다음 낱말을 큰 소리로 읽어 보세요.

자동차 자연 자유

자만심 자신

이 글자는 사람의 코를 그린 모양이에요.

모양	뜻	소리
自	스스로	자

쓰는 순서와 쓰기

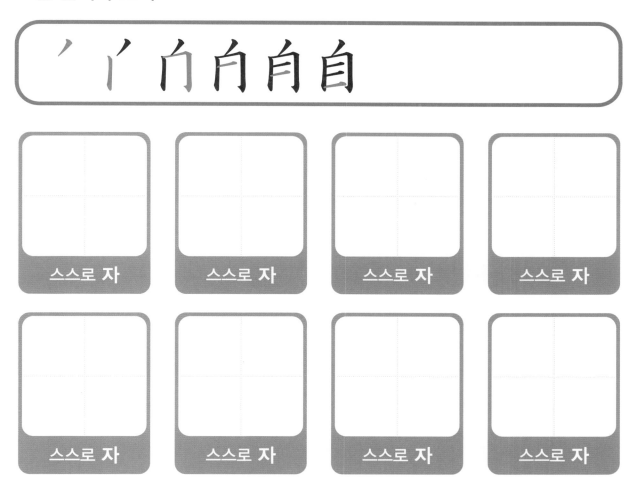

´ ⺯ ⺯ ⺬ ⺬ 自

스스로 **자**	스스로 **자**	스스로 **자**	스스로 **자**
스스로 **자**	스스로 **자**	스스로 **자**	스스로 **자**

낱말에 자(自)가 숨어 있으면 그 낱말에는 '스스로'의 뜻이 들어 있어요.

낱말에 똑같이 들어 있는 글자에 동그라미 하세요.	낱말에 숨어 있는 같은 한자에 동그라미 하세요.

자동차

自동차

기계적 에너지로 바퀴를 굴려서 땅 위를
움직이도록 만든 차

자연

自연

사람의 힘이 더해지지 않고 세상에 스스로
존재하거나 저절로 이루어지는 모든 것

자유

自유

자기 마음대로 할 수 있는 상태

자만심

自만심

스스로 자랑하며 뽐내는 마음

자신

自신

그 사람의 몸 또는 바로 그 사람을 이르는 말

공통 글자는 무엇인지 써 보세요.	공통 한자는 무엇인지 써 보세요.

자

스스로 자(自)가 숨어 있는 낱말에 동그라미 하고 써 보세요. (5개)

자동차를 뒤로 하고 한 걸음씩 내디디며 자연으로 간다. 이곳에는 도시에서 찾을 수 없는 편안한 자유가 있다. 자연의 위대함 앞에 자만심 가득한 마음은 사라지고 나 자신을 돌아보는 법을 배운다.

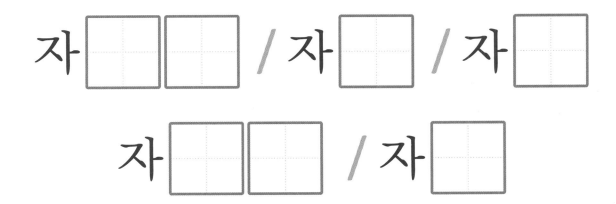

자 ☐ ☐ / 자 ☐ / 자 ☐

자 ☐ ☐ / 자 ☐

기본 낱말 다시 배우기 (명사)

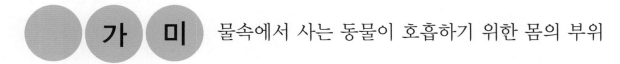 **가** **미**   물속에서 사는 동물이 호흡하기 위한 몸의 부위

움직임을 나타내는 말 (동사)

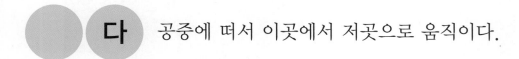 **다**   공중에 떠서 이곳에서 저곳으로 움직이다.

성질이나 상태를 꾸며 주는 말 (형용사)

햄스터의 털이  러워서 기분 좋다.

부드럽다 : 닿는 느낌이 거칠거나 뻣뻣하지 아니하다.

모양을 흉내 내는 말 (의태어)

작은 참새 한 마리가 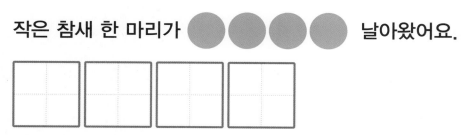 날아왔어요.

파닥파닥 : 작은 새가 가볍고 빠르게 잇따라 날개를 치는 모양

속담

⚪⚪⚪ 에게 물려 가도 정신만 차리면 산다.

➜ 정신을 똑똑히 차리면 위기를 벗어날 수가 있다는 뜻이에요.

⚪⚪⚪ 에게 물려 가도 정신만 차리면 살아. 긴장하지만 않으면 잘할 거야.

습관적으로 쓰는 말 (관용어)

놀란 ⚪⚪ 눈을 하다. ➜ 놀라서 눈을 크게 뜨다.

나는 영철이가 1등이라는 말에 놀란 ⚪⚪ 눈이 되었다.

비슷한 말과 반대말 (유의어와 반의어)

동생은 내 손을 꼭 〔 **잡았다** 〕 〔 **놓았다** 〕.

난 들고 있던 짐을 바닥에 〔 **쥐었다** 〕 〔 **놓았다** 〕.

뒤죽박죽 섞여 있는 글을 바른 순서로 써 보세요. (문법-어순)

〔 바다에 살지만, / 고래는 / 아닙니다. / 물고기가 〕

➜ ....

오늘 한자

자(自) : **스스로**를 뜻하고 **자**라고 읽어요.

한눈에 보는

과일과 채소

과일	과수원	과일나무	열매	수확
채소	사과	오이	뿌리채소	줄기채소
잎채소	열매채소	감자	상추

과일
나무에서 얻는 사람이 먹을 수 있는 열매

과수원
과일나무를 심은 밭

열매
꽃 아래에 붙은 통통한 주머니 모양의 부분이 단단하게 자란 것

수확
익은 곡식이나 채소를 거두어들임

채소
밭에서 자라고 줄기, 뿌리, 열매를 먹을 수 있는 배추, 상추 같은 것

뿌리채소
무, 우엉, 당근처럼 뿌리나 땅속줄기를 먹는 채소

과일과 채소를 나타내는 말을 알아봅시다. (동사)

까다	쪼개다	파다	뜯다	수확하다
잇다	씌우다	커지다	무르다	썩다

까다 — 껍질을 벗기다.

뜯다 — 붙어 있거나 닫힌 것을 떼거나 찢거나 하다.

씌우다 — 덮이게 하다.

커지다 — 크게 되다.

무르다 — 굳은 것이 물렁거리게 되다.

썩다 — 세균에 의해 원래의 모습을 잃고 나쁜 냄새가 나고 뭉개지는 상태가 되다.

과일과 수확은 각각 어떤 일을 하는지 따라 써 보세요.

커지다

무르다

썩다

뜯다

파다

수확하다

과일과 채소의 성질이나 상태를 꾸며 주는 말을 알아봅시다. (형용사)

큰직하다	꽤 크다.
억세다	식물의 줄기나 잎이 아주 딱딱하고 뻣뻣하다.
싱싱하다	시들거나 상하지 않고 생기가 있다.
매끈하다	부드럽고 반들반들하다.
달다	꿀이나 설탕의 맛과 같다.
촘촘하다	틈이나 벌어진 사이가 매우 좁거나 작다.

 어떤 말이 들어가야 할까요?

억세   달   촘촘   싱싱

- 엄마가 사온 딸기가 정말 _____고 맛있다.

- 텃밭에서 키운 상추가 _____게 자라서 뻣뻣해졌다.

- "전통 시장에서 사 온 오이가 참 _____하다!"

- 나는 _____한 구멍에 가지 씨앗을 뿌렸다.

한 문장 독해 _ 한 문장으로 된 글을 읽고, 물음에 답하세요.

> 나는 텃밭에 심은 시금치를 뜯어서 물에 씻었다.

1. 내가 텃밭에서 뜯은 것은 무엇인지 쓰세요.

....

> 나는 주워 온 밤을 까서 큰 자루에 담았다.

2. 내가 주워 온 것은 무엇인가요?

> 도토리 / 감 / 밤

> 딱딱했던 단감이 시간이 지나자 물러서 홍시처럼 되었다.

3. 단감이 시간이 지나자 어떻게 되었나요?

> 물러서 홍시처럼 되었다. / 말라서 곶감처럼 되었다. / 썩어서 버렸다.

두 문장 독해 _ 두 문장으로 된 글을 읽고, 물음에 답하세요.

> 여름이 되자 밭에 심은 깻잎이 잘 자라 잎이 무성해졌다.
> 엄마는 깻잎을 뜯어서 김치를 만드셨다.

1. 엄마는 무엇을 뜯어서 김치를 만드셨는지 쓰세요.

4주
2일

> "할아버지께서 키우신 포도가 이제 잘 익었어요."
> "그래. 한 알 한 알 큼직하니 잘 익었구나."

2. 할아버지께서 키우신 과일은 무엇인가요?

> 사과 / 배 / 복숭아 / 포도

> 과일이 많이 생겨서 과일 식초를 만들기로 했다.
> 우선 과일의 썩거나 무른 부분은 잘라 내고 잘 씻어 둔다.

3. 과일의 어떤 부분은 잘라내나요?

> 썩거나 무른 부분
> 맛있게 잘 익은 부분
> 껍질과 씨 부분

세 문장 독해 _ 세 문장으로 된 글을 읽고, 물음에 답하세요.

> 삼촌 과수원의 사과나무에 사과가 주렁주렁 달렸다고 한다.
> 삼촌네 사과는 동네에서 가장 크고 단 것으로 유명하다.
> 이번 주말에 우리 가족은 사과를 따러 가기로 했다.

1. 삼촌 과수원에서 키우는 과일은 무엇인가요?

....

2. 삼촌네 사과는 동네에서 무엇으로 유명한가요?

....

3. 주말에 우리 가족은 무엇을 하러 가나요?

....

소리를 흉내 내는 말 (의성어)

• 방금 딴 배가 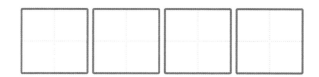 하고 정말 맛있어요.

아삭아삭 : 싱싱한 과일이나 채소를 자꾸 베어 무는 소리

• 냉장고에서 감자가 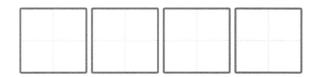 굴러떨어졌다.

떼구루루 : 약간 크고 단단한 물건이 단단한 바닥에서 구르는 소리

• 비빔국수에 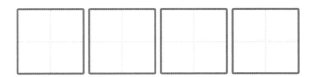 씹히는 채소가 정말 싱싱하다.

아작아작 : 조금 단단한 물건을 깨물어 잘게 조각날 때 나는 소리

• 나는 땅콩을 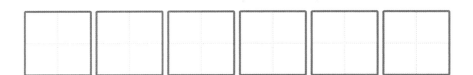 먹으며 책을 읽었다.

오도독오도독 : 작고 단단한 물건을 잇따라 깨무는 소리

과일과 채소 _ 관계있는 속담

크고 단 참외

겉보기도 좋고 실속도 있어 마음에 드는 물건을 말해요.

이 필통은 예쁘고
가격도 싸네.
크고 단 참외가
따로 없구나.

굴러온 호박

뜻밖에 좋은 물건을 얻거나 행운을 만났다는 뜻이에요.

형 덕분에
나도 새 가방이 생겼어.
굴러온 호박이다!

과일과 채소 _ 관계있는 습관적으로 쓰는 말 (관용어)

깨가 쏟아지다.

아기자기하고 재미가 나다.

우리 부모님은
여전히 깨가 쏟아지신다.

간이 콩알만 하다.

매우 겁이 나고 무서워지다.

쿵! 소리에
간이 콩알만 해졌다.

헷갈리기 쉬운 낱말 (맞춤법)

 **무치다** 나물 같은 것에 양념을 넣고 골고루 섞다.

  **묻히다** 물건이 흙이나 다른 것 속에 넣어져 보이지 않게 덮이다.

 잘못 쓰기 쉬운 낱말 (맞춤법)

 이파리 살아 있는 나무나 풀에 달린 하나하나의 잎

이파리 ⭕   잎파리 ❌

• '무치다'와 '묻히다'를 구분해 알맞은 말에 동그라미 해 보세요.

나는 땅속에 무친 묻힌 감자를 캐냈다.

엄마가 무친 묻힌 시금치나물은 정말 맛있다.

• 바르게 쓴 말에 동그라미 하세요.

나무 이파리 잎파리 가 바람에 흔들리고 있다.

잘못 사용된 높임말을 예사말로 바르게 고쳐 써 보세요. (문법-높임말과 예사말)

> **높임말**은 사람이나 사물을 높여서 이르는 말로 주로 웃어른께 공경하는 마음을 담아 하는 말이에요.
>
> **예사말**은 높이거나 낮추는 말이 아닌 보통 말로 주로 친구나 나이가 어린 사람에게 하는 말이에요.

| 도착하였다 | 3천 원입니다 | 친구는 | 보여요 |

내 <u>친구께서는</u> 채소를 싫어한다.

→ ....

할아버지의 과수원에서 보낸 과일이 <u>도착하셨다.</u>

→ ....

이 배추는 <u>3천 원이십니다.</u>

→ ....

"엄마, 딸기가 참 싱싱해 <u>보이세요.</u>"

→ ....

다음 글을 읽고, 물음에 답하세요.

부부는 깜짝 놀라 입이 딱 벌어졌어요.

"사람보다 더 큰 무가 자라다니! 흔한 일이 아니니 사또님께 가져다 드립시다."

사또님도 커다란 무를 보고 정말 놀랐어요.

"이 무가 정말 너희들의 밭에서 나온 것이냐?"

"예. 비록 **하찮은** 무지만 저희는 처음 보는 귀한 것이라 사또님께 가져왔습니다. 늘 지혜로우시고 인자하신 모습으로 마을을 다스려 주셔서 감사합니다."

사또는 착한 부부에게 고마워서 크고 튼튼한 소 한 마리를 선물했어요.

하찮다. : 그다지 훌륭하지 않다는 뜻이에요.

1 부부가 커다란 무를 사또님께 드린 이유는 무엇인가요?

① 사또님이 커다란 무를 달라고 하셔서

② 지혜롭고 인자하게 마을을 다스리는 사또님이 고마워서

③ 사또님께 좋은 값을 받고 팔기 위해서

④ 우리 밭에서 나왔다는 것을 자랑하고 싶어서

4주
4일

2 커다란 무를 받은 사또의 생각이나 행동이 <u>아닌</u> 것은 무엇인가요?

① 정말 놀랐어요.

② 착한 부부에게 고마웠어요.

③ 크고 튼튼한 소를 한 마리 선물했어요.

④ 매우 하찮다고 생각했어요.

3 '매우 놀라거나 좋아하다.'라는 뜻으로 부부가 커다란 무를 보고 놀라는 것을 어떻게 나타냈나요?

부부는 깜짝 놀라 이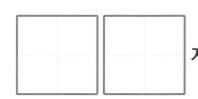졌어요.

이   지다.

다음 글을 읽고, 물음에 답하세요.

사과 한 개 '만 원'. '금값' 된 사과값

김문해 기자

사과 가격이 크게 올라 1년 전에 비해 3배 가까이 가격이 올랐다. 이처럼 사과의 값이 비싸진 것은 사과의 **수확**량이 크게 줄어서다. 3월에는 갑자기 추워진 기온으로 사과꽃이 피해를 많이 보았고, 여름철에는 사과 **농가**마다 **탄저병**까지 퍼졌다. 기후 변화로 무덥고, 습한 날씨가 많아져 내년에도 사과 농사는 힘들 것으로 보인다. 또한 기후가 더워짐에 따라 사과 **재배** 지역도 경북 지역 등에서 기온이 낮은 위쪽 지방으로 점점 바뀌고 있다.

수확 : 익은 곡식이나 과일을 거두어들이거나 거두어들인 것을 말해요.
농가 : 농사를 짓는 집이에요.
탄저병 : 과일이나 곡식에 생기는 병으로 수확하는 양이 적어져요.
재배 : 식물을 심어 가꾸는 것을 말해요.

사과의 가격이 오른 이유는 무엇인가요?

① 사과의 수확량이 크게 줄어서

② 사과를 파는 사람이 크게 줄어서

③ 사과를 키우는 곳이 크게 줄어서

④ 사과를 사는 사람이 크게 줄어서

4주
4일

 사과의 수확량이 크게 줄어든 이유가 <u>아닌</u> 것은 무엇인가요?

① 여름철에 탄저병이 퍼졌다.

② 갑자기 추워져서 사과꽃이 피해를 보았다.

③ 기후 변화로 무덥고 습해졌다.

④ 사과 재배 지역이 모두 없어졌다.

3 **작년에 사과의 가격이 10원이었다면, 올해는 얼마일까요?**

> 사과 가격이 크게 올라 1년 전에 비해 3배 가까이 가격이 올랐다.

3배 → 10원 + 10원 + 10원

10 + 10 + 10 = ⬚ 원

초(草) 풀을 뜻하고
초라고 읽어요.

 다음 낱말을 큰 소리로 읽어 보세요.

초록 화초 난초

잡초 초원

이 글자는 해 아래 돋아난 풀 모양이에요.

모양	뜻	소리
草	풀	초

쓰는 순서와 쓰기

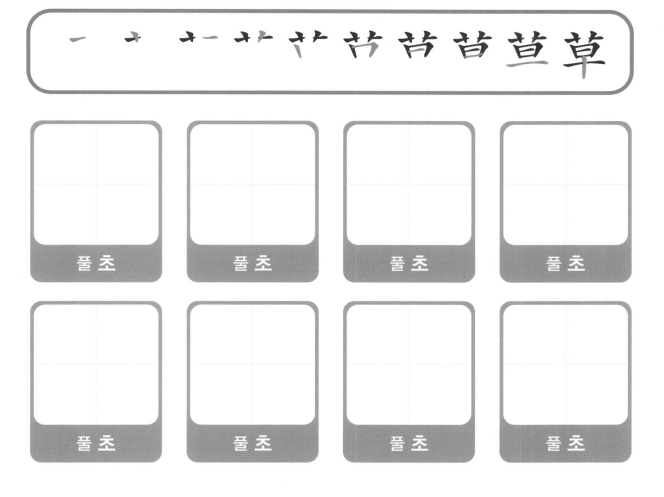

一　十　卄　艹　芍　苎　苩　苩　草

풀 초	풀 초	풀 초	풀 초

풀 초	풀 초	풀 초	풀 초

낱말에 초(草)가 숨어 있으면 그 낱말에는 '풀'의 뜻이 들어 있어요.

초록

화초

난초

잡초

초원

草록
파랑과 노랑의 중간 색

화草
꽃이 피는 풀과 나무, 꽃이 없더라도
보면서 즐기는 모든 식물

난草
꽃과 줄기가 아름다워서 보면서
즐기는 난초과의 식물

잡草
가꾸지 않아도 저절로 나서
자라는 여러 가지 풀

草원
풀이 나 있는 들판

공통 글자는 무엇인지 써 보세요.

공통 한자는 무엇인지 써 보세요.

풀 초(草)가 숨어 있는 낱말에 동그라미 하고 써 보세요. (5개)

4주
5일

할머니 집 마당은 초록으로 가득하다. 싱그러운 화초들이 가득한데, 특히 할머니께서 아끼시는 보라색 난초꽃은 정말 아름답다. 너무 크게 자란 잡초를 뜯으며 마당을 둘러보고 있으면 넓은 초원이 부럽지 않다.

초[　] / [　]초 / [　]초

[　]초 / 초[　]

기본 낱말 다시 배우기 (명사)

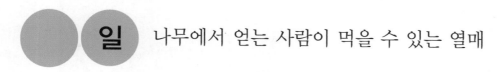

일   나무에서 얻는 사람이 먹을 수 있는 열매

움직임을 나타내는 말 (동사)

지 다   크게 되다.

성질이나 상태를 꾸며 주는 말 (형용사)

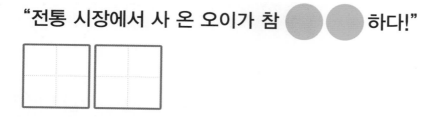

"전통 시장에서 사 온 오이가 참   하다!"

싱싱하다 : 시들거나 상하지 않고 생기가 있다.

소리를 흉내 내는 말 (의성어)

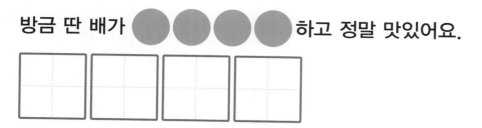

방금 딴 배가   하고 정말 맛있어요.

아삭아삭 : 싱싱한 과일이나 채소를 자꾸 베어 무는 소리

속담

굴러온 ●● → 뜻밖에 좋은 물건을 얻거나 행운을 만났다는 뜻이에요.

형 덕분에 나도 새 가방이 생겼어. 굴러온 ●● 이다!

습관적으로 쓰는 말 (관용어)

간이 ●● 만 하다. → 매우 겁이 나고 무서워지다.

쿵! 소리에 간이 ●● 만 해졌다.

헷갈리기 쉬운 낱말과 잘못 쓰기 쉬운 낱말 (맞춤법)

나는 땅속에 　무친　 　묻힌　 감자를 캐냈다.

나무 　이파리　 　잎파리　 가 바람에 흔들리고 있다.

잘못 사용된 높임말을 예사말로 바르게 고쳐 써 보세요. (문법-높임말과 예사말)

"엄마, 딸기가 참 싱싱해 <u>보이세요</u>."

→ ....

오늘 한자

초(草) : 풀을 뜻하고 **초**라고 읽어요.

草 ☐ ☐

1주

15p **어떤 말이 들어가야 할까요?**

쓸쓸, 까마득, 힘들, 굉장

16p **한 문장 독해**

1. 다리   2. 파도

3. 도토리를 물고 가고 있었다.

17p **두 문장 독해**

1. 산의 골짜기   2. 계곡물

3. 반갑게 인사한다.

18p **세 문장 독해**

1. 서해 바닷가   2. 갯벌

3. 조개, 낙지, 작은 게

22p **여러 가지 뜻을 가진 낱말 (다의어)**

3, 1, 2

23p **시간을 나타내는 말을 사용해서 문장을
완성해 보세요. (문법–시제)**

우리 가족은 지난주에 부산에서 회를 먹었
었다.

"아빠, 이번 주 일요일에 저랑 같이 등산 가
요."

다음 주에 이모네 가족들과 함께 계곡에 갈
예정이다.

"먼 훗날에는 달나라 여행도 가능하지 않을
까?"

25p **한 문단 독해 1 (우화, 동화)**

1. ④   2. ③   3. 두리번두리번

27p **한 문단 독해 2 (지식글)**

1. ②   2. ④   3. (11)시 (30)분

30p **낱말에 똑같이 들어 있는 글자에 동그라미 하세요.**

30p **낱말에 숨어 있는 같은 한자에 동그라미 하세요.**

海

31p **바다 해(海)가 숨어 있는 낱말에 동그라미 하고
써 보세요. (5개)**

해(변)   해(일)   (심)해   (항)해   해(적선)

확인 학습   32p ~ 33p

벌, 올, 힘들, 토닥토닥, 산, 산, 바다, 바다

다음 주에 이모네 가족들과 함께 계곡에 갈 예정이다.

海, 海

3주

63p 어떤 말이 들어가야 할까요?

뺏뺏, 가려, 영리, 부드

64p 한 문장 독해

1. 작은 애벌레   2. 호랑이

3. 몸을 보호한다.

65p 두 문장 독해

1. 거미   2. 모기

3. 달아나 버렸다.

66p 세 문장 독해

1. 모성애   2. 6개월   3. 20분

70p 비슷한 말과 반대말 (유의어와 반의어)

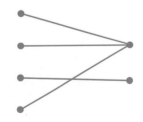

71p 뒤죽박죽 섞여 있는 글을 바른 순서로 써
보세요. (문법-어순)

고래는 바다에 살지만, 물고기가 아닙니다.

모든 새 종류는 알을 낳아요.

수많은 개미가 줄을 지어 가고 있다.

얼룩말의 무늬는 보호색 역할을 해요.

73p 한 문단 독해 1 (우화, 동화)

1. ①   2. ③   3. (엮)다.

75p 한 문단 독해 2 (지식글)

1. ①   2. ②

3. 왼쪽 위부터 차례대로 〉, 〉, 〈, 〈, 〉

78p 낱말에 똑같이 들어 있는 글자에 동그라미 하세요.

ⓐ

78p 낱말에 숨어 있는 같은 한자에 동그라미 하세요.

⒜

79p 스스로 자(自)가 숨어 있는 낱말에 동그라미 하고
써 보세요. (5개)

자(동차)   자(연)   자(유)   자(만심)   자(신)

확인 학습   80p ~ 81p

아, 날, 부드, 파닥파닥, 호랑이, 호랑이, 토끼,

토끼, 잡았다, 놓았다

고래는 바다에 살지만, 물고기가 아닙니다.

自, 自

108